Impressum
Verlag: BABADADA GmbH, Nedderfeld 112 , 22529 Hamburg
Geschäftsführer / Verlagsleitung: Harald Hof
Druck: Books on Demand GmbH, In de Tarpen 42, 22848 Norderstedt

Imprint
Publisher: BABADADA GmbH, Nedderfeld 112 , 22529 Hamburg, Germany
Managing Director / Publishing direction: Harald Hof
Print: Books on Demand GmbH, In de Tarpen 42, 22848 Norderstedt, Germany

教室
klasseværelse

除
dividere

186/2

黑板
tavle

校园
skolegård

老师
lærer

纸
papir

书写
skrive

钢笔
pen

办公桌
skrivebord

直尺
lineal

书
bog

学生
elev

书包

skoletaske

铅笔盒

penalhus

铅笔

blyant

卷笔刀

blyantspidser

橡皮擦

viskelæder

画板

tegneblok

图画
tegning

画笔
pensel

颜料盒
æske med vandfarver

剪刀
saks

胶水
lim

练习册
opgavehefte

家庭作业
lektie

12

数字
tal

2+2

加
addere

5-2

减
subtrahere

2×2

乘
multiplicere

计算
regne

A

字母
bogstav

ABCDEFG
HIJKLMN
OPQRSTU
VWXYZ

字母表
alfabet

字
ord

课文

tekst

读

læse

粉笔

kridt

上课

time

登记

klasseprotokol

考试

eksamen

证书

karakterbog

校服

skoleuniform

教育

uddannelse

百科全书

leksikon

大学

universitet

显微镜

mikroskop

地图

kort

废纸筐

papirkurv

酒店
hotel

青年旅社
herberg

外币兑换处
vekselkontor

手提箱
kuffert

汽车
bil

语言

sprog

是/否

ja / nej

好的

okay

您好

hej

翻译员

oversætter

谢谢

tak

......多少钱？

hvad koster...?

我不明白

Jeg forstår ikke

问题

problem

晚上好！

God aften!

早上好！

God morgen!

晚安！

God nat!

再见

farvel

方向

retning

行李

bagage

包

taske

双肩包

rygsæk

客人

gæst

房间

værelse

睡袋

sovepose

帐篷

telt

旅游信息
turistinformation

海滩
strand

信用卡
kreditkort

早餐
morgenmad

午餐
middagsmad

晚餐
aftensmad

票
billet

电梯
elevator

邮票
frimærke

边界
grænse

海关
told

大使馆
ambassade

签证
visum

护照
pas

飞机
flyvemaskine

船
skib

消防车
brandbil

公交车
bus

卡车
lastbil

汽艇
motorbåd

自行车
cykel

汽车
bil

摆渡船

færge

小船

båd

摩托车

motorcykel

警车

politibil

赛车

racerbil

租车

lejebil

拼车
samkørsel

拖车
kranbil

垃圾车
skraldebil

发动机
motor

汽油
benzin

加油站
tankstation

交通标志
trafikskilt

交通
trafik

交通堵塞
trafikprop

停车场
parkeringsplads

火车站
banegård

轨道
skinner

火车
tog

电车
sporvogn

货车
wagon

直升机

helikopter

机场

lufthavn

塔

tårn

乘客

passager

集装箱

container

纸板箱

karton

手推车

kærre

篮子

kurv

起飞/降落

starte / lande

城市

by

村庄

landsby

市中心

bymidte

房子

hus

电影院
biograf

广告
reklame

路灯
gadelygte

街道
gade

出租车
taxi

小吃店
kiosk

行人
fodgænger

人行道
fortov

十字路口
kryds

斑马线
fodgængerovergang

垃圾箱
skraldespand

红绿灯
lyskurv

小屋

hytte

公寓

lejlighed

火车站

banegård

市政厅

rådhus

博物馆

museum

学校

skole

大学

universitet

银行

bank

医院

sygehus

酒店

hotel

药房

apotek

办公室

kontor

书店

boghandel

商店

butik

花店

blomsterbutik

超市

supermarked

市场

marked

百货商店

stormagasin

鱼店

fiskehandler

购物中心

butikscenter

海港

havn

公园

park

长凳

bænk

桥

bro

楼梯

trappe

地铁

undergrundsbane

隧道

tunnel

公交车站

busstoppested

酒吧

barnevogn

餐馆

restaurant

邮筒

postkasse

路标

vejskilt

停车计时器

parkometer

动物园

zoo

游泳馆

badeanstalt

清真寺

moske

农场
bondegård

污染
miljøforurening

墓地
kirkegård

教堂
kirke

操场
legeplads

寺庙
tempel

地形
landskab

树叶
blad

指示牌
vejviser

路
vej

草地
eng

石头
sten

树
træ

徒步旅行者
vandrer

河
flod

草
græs

花
blomst

峡谷

dal

山

bjerg

湖

sø

森林

skov

沙漠

ørken

火山

vulkan

城堡

slot

彩虹

regnbue

蘑菇

svamp

棕榈树

palme

蚊子

moskito

苍蝇

flue

蚂蚁

myre

蜜蜂

bi

蜘蛛

edderkop

甲虫

bille

青蛙

frø

松鼠

egern

刺猬

pindsvin

野兔

hare

猫头鹰

ugle

鸟

fugl

天鹅

svane

野猪

vildsvin

鹿

hjort

麋鹿

elg

水坝

dæmning

风力发电机

vindmølle

太阳能电池板

solcellemodul

气候

klima

服务员
tjener

菜单
spisekort

椅子
stol

汤
suppe

披萨饼
pizza

餐具
bestik

桌布
borddug

前菜
forret

主菜
hovedret

甜点
dessert

饮料
drikkevarer

食物
mad

瓶子
flaske

快餐
fastfood

街边小吃
streetfood

茶壶
tekande

糖盒
sukkerdåse

一份饭菜
portion

意式咖啡机
espressomaskine

高脚椅
barnestol

账单
faktura

托盘
tablet

刀
kniv

餐叉
gaffel

勺子
ske

茶匙
teske

餐巾
serviet

玻璃杯
glas

碟子

tallerken

汤盘

dyb tallerken

碟子

underkop

酱

sovs

盐瓶

saltbøsse

胡椒磨

peberkværn

醋

eddike

食用油

olie

调味料

krydderier

番茄酱

ketchup

芥末

sennep

蛋黄酱

mayonnaise

特价
tilbud

顾客
kunde

乳制品
mælkeprodukter

水果
frugt

购物车
indkøbsvogn

肉铺
slagter

面包房
bageri

称重
veje

蔬菜
grøntsager

肉
kød

冷冻食品
frostvarer

冷盘

pålæg

罐头食品

konserves

洗衣粉

vaskemiddel

甜食

slik

日用品

husholdningsvarer

清洁用品

rengøringsmidler

销售员

ekspedient

收银机

kasse

收银员

kasserer

购物清单

indkøbsliste

开放时间

åbningstider

钱包

tegnebog

信用卡

kreditkort

袋子

taske

塑料袋

plasticpose

水

vand

果汁

saft

牛奶

mælk

可乐

cola

红酒

vin

啤酒

øl

酒

alkohol

可可

kakao

茶

te

咖啡

kaffe

意式浓缩咖啡

espresso

卡布奇诺

cappuccino

香蕉

banan

苹果

æble

橙子

appelsin

西瓜

melon

柠檬

citron

胡萝卜

gulerod

大蒜

hvidløg

竹子

bambus

洋葱

løg

蘑菇

svamp

坚果

nødder

面条

nudler

意大利面条

spaghetti

米饭

ris

沙拉

salat

薯条

pomfritter

炸土豆

stegte kartofler

披萨饼

pizza

汉堡包

hamburger

三明治

sandwich

炸猪排

schnitzel

火腿

skinke

萨拉米

salami

香肠

pølse

鸡肉

kylling

烤肉

steg

鱼

fisk

燕麦片

havregryn

穆兹利

mysli

玉米片

cornflakes

面粉

mel

羊角面包

croissant

面包卷

rundstykke

面包

brød

烤面包

toast

饼干

kiks

黄油

smør

凝乳

kvark

蛋糕

kage

蛋

æg

煎蛋

spejlæg

奶酪

ost

冰激凌

is

糖

sukker

蜂蜜

honning

果酱

marmelade

巧克力酱

nougat-creme

咖喱饭

karry

食物 - mad

农舍
bondehus

粮仓
skur

稻草捆
halmballer

田野
mark

马
hest

拖车
anhænger

拖拉机
traktor

马驹
føl

驴
æsel

羔羊
lam

羊
får

山羊
ged

奶牛
ko

牛犊
kalv

猪
svin

小猪
gris

公牛
tyr

鹅

gås

鸭

and

小鸡

kylling

母鸡

høne

公鸡

hane

鼠

rotte

猫

kat

老鼠

mus

牛

okse

狗

hund

狗屋

hundehus

花园浇水软管

haveslange

洒水壶

vandkande

长柄大镰刀

le

犁

plov

镰刀

segl

锄头

hakkejern

长柄草耙

møggreb

斧头

økse

独轮手推车

trillebør

饲料槽

trug

牛奶罐

mælkekande

麻布袋

sæk

栅栏

hæk

马厩

stald

温室

drivhus

土壤

jord

种子

frø

肥料

gødning

联合收割机

mejetærsker

农场 - bondegård

收割

høste

收割

høst

山药

yams

小麦

hvede

大豆

soja

土豆

kartoffel

玉米

majs

油菜籽

raps

果树

frugttræ

树薯

maniok

谷物

korn

烟囱
skorsten

屋顶
tag

落水管
tagrende

窗户
vindue

车库
garage

门铃
dørklokke

门
dør

垃圾桶
skraldespand

信箱
postkasse

花园
have

客厅
stue

浴室
badeværelse

厨房
køkken

卧室
soveværelse

儿童房
børneværelse

餐厅
spisestue

地板

gulv

墙壁

væg

吊顶

loft

地窖

kælder

桑拿

sauna

阳台

altan

露台

terrasse

游泳池

svømmehal

割草机

plæneklipper

被单

dynebetræk

床罩

dyne

床

seng

扫帚

kost

水桶

spand

开关

kontakt

壁纸
tapet

台灯
lampe

照片
billede

搁架
reol

橱柜
skab

电视机
fjernsyn

壁炉
pejs

花
blomst

垫子
pude

花瓶
vase

沙发
sofa

遥控器
fjernbetjening

地毯

gulvtæppe

窗帘

gardin

餐桌

bord

椅子

stol

摇椅

gyngestol

扶手椅

lænestol

书
bog

毯子
tæppe

装饰品
dekoration

木柴
brænde

电影
film

高保真音响
stereoanlæg

钥匙
nøgle

报纸
avis

油画
maleri

海报
plakat

收音机
radio

笔记本
notesblok

吸尘器
støvsuger

仙人掌
kaktus

蜡烛
lys

冰箱
køleskab

微波炉
mikrobølgeovn

厨房秤
køkkenvægt

洗洁精
rengøringsmiddel

烤面包机
brødrister

冰柜
fryserum

烤箱
bageovn

垃圾桶
skraldespand

洗碗机
opvaskemaskine

炊具

komfur

锅

gryde

铸铁锅

jerngryde

炒锅

wok / kadai

平底锅

pande

水壶

elkedel

蒸锅

dampkoger

烤盘

bageplade

陶瓷锅

service

马克杯

bæger

碗

skål

筷子

spisepinde

长柄勺

øseske

铲子

paletkniv

搅拌器

piskeris

滤网

dørslag

筛子

si

磨碎机

rive

研钵

morter

烧烤

grille

明火

ildsted

菜板

skærebræt

擀面杖

kagerulle

开瓶器

proptrækker

罐子

dåse

开罐器

dåseåbner

隔热手套

grydelap

水槽

køkkenvask

刷子

børste

海绵

svamp

搅拌机

blender

冷藏箱

dybfryser

奶瓶

sutteflaske

水龙头

vandhane

供暖设备
radiator

淋浴
brusebad

毛巾
håndklæde

浴帘
bruserforhæng

泡沫浴
skumbad

浴缸
badekar

玻璃杯
glas

洗衣机
vaskemaskine

瓷砖
fliser

水龙头
vandhane

便壶
tissepotte

水槽
køkkenvask

厕所

toilet

蹲便器

hugsiddende toilet

坐浴器

bidet

小便池

pissoir

厕纸

toiletpapir

马桶刷

toiletbørste

牙刷

tandbørste

牙膏

tandpasta

牙线

tandtråd

洗

vaske

手持式喷淋头

håndbruser

冲洗器

intimbruser

洗脸盆

vaskefad

擦背刷

badebørste

肥皂

sæbe

沐浴露

brusegele

洗发水

shampoo

法兰绒

vaskeklud

排水

afløb

乳霜

creme

除臭剂

deodorant

镜子

spejl

手镜

kosmetikspejl

剃须刀

barberhøvl

剃须泡沫

barberskum

须后水

barbervand

梳子

kam

刷子

børste

吹风机

hårtørrer

喷发定型剂

hårspray

化妆品

makeup

唇膏

læbestift

指甲油

neglelak

化妆棉

vat

指甲剪

neglesaks

香水

parfume

洗漱包

toilettaske

凳子

skammel

计重秤

vægt

浴袍

badekåbe

橡胶手套

gummihandsker

卫生棉条

tampon

卫生巾

damebind

化学厕所

kemisk toilet

闹钟
vækkeur

毛绒玩具
bamse

玩具车
legetøjsbil

玩具屋
dukkehus

礼物
gave

拨浪鼓
skralde

气球

ballon

床

seng

（洋娃娃用）婴儿车

barnevogn

扑克牌

kortspil

拼图

puslespil

漫画

tegneserie

乐高积木

legoklodser

积木玩具

byggeklodser

玩具人

action figur

婴儿服

sparkedragt

飞盘

frisbee

床铃玩具

uro

棋盘游戏

brætspil

骰子

terning

火车模型

modeljernbane

安抚奶嘴

sut

聚会

fest

绘本

billedbog

球

bold

洋娃娃

dukke

玩

lege

儿童房 - børneværelse

沙坑

sandkasse

秋千

gynge

玩具

legetøj

游戏机

spillekonsol

三轮车

trehjulet cykel

泰迪熊

bamse

衣柜

klædeskab

衣服

tøj

袜子

sokker

长袜

strømper

紧身裤

strømpebukser

围巾
sjal

雨伞
paraply

皮带
bælte

T恤
T-shirt

运动鞋
sneakers

靴子
støvler

拖鞋
hjemmesko

凉鞋
....
sandaler

鞋
....
sko

雨靴
....
gummistøvler

内裤
....
underbukser

胸罩
....
BH

背心
....
undertrøje

身体
body

裤子
bukser

牛仔裤
jeans

短裙
nederdel

女式衬衫
bluse

衬衫
skjorte

套头衫
pullover

卫衣
sweatshirt

西装夹克
blazer

夹克
jakke

外套
frakke

雨衣
regnfrakke

套装
kostume

连衣裙
kjole

婚纱
brudekjole

西装

jakkesæt

睡袍

nattrøje

睡衣

pyjamas

莎丽

sari

头巾

hovedtørklæde

包头巾

turban

波卡

burka

卡夫坦

kaftan

(阿拉伯式)长袍长袍

abaya

泳衣

badedragt

男式泳裤

badebukser

短裤

korte bukser

运动服

træningsdragt

围裙

forklæde

手套

handsker

衣服 - tøj

纽扣

knap

眼镜

briller

手链

armbånd

项链

kæde

戒指

ring

耳环

ørering

便帽

hue

衣架

bøjle

帽子

hat

领带

slips

拉链

lynlås

头盔

hjelm

背带

seler

校服

skoleuniform

制服

uniform

围兜

hagesmæk

安抚奶嘴

sut

尿不湿

ble

服务器
server

文件柜
arkivskab

打印机
printer

显示屏
skærm

纸
papir

鼠标
mus

办公桌
skrivebord

文件夹
mappe

键盘
tastatur

废纸筐
papirkurv

电脑
computer

椅子
stol

咖啡杯

kaffekrus

计算器

lommeregner

因特网

internet

笔记本电脑

bærbar

信件

brev

消息

besked

手机

mobil

网络

netværk

复印机

kopimaskine

软件

software

电话

telefon

插座

stikdåse

传真机

fax

表格

formular

文件

dokument

买
købe

付钱
betale

交易
handle

现金
penge

美元
dollar

欧元
euro

日元
yen

卢布
rubel

瑞士法郎
schweizerfranc

人民币
renminbi yuan

卢比
rupee

提款处
hæveautomat

外币兑换处
vekselkontor

金
guld

银
sølv

石油
olie

能源
energi

价格
pris

合同
kontrakt

税金
skat

股票
aktie

工作
arbejde

职员
ansat

老板
arbejdsgiver

工厂
fabrik

商店
butik

警官
politimand

消防员
brandmand

厨师
kok

医生
læge

飞行员
pilot

园丁

gartner

木匠

tømrer

裁缝

syerske

法官

dommer

化学家

kemiker

演员

skuespiller

公交车司机

buschauffør

出租车司机

taxachauffør

渔夫

fisker

清洁女工

rengøringskone

屋顶工

tagdækker

服务员

tjener

猎人

jæger

画家

maler

面包师

bager

电工

elektriker

建筑工人

bygningsarbejder

工程师

ingeniør

屠夫

slagter

水管工

vvs-mand

邮递员

postbud

士兵

soldat

建筑师

arkitekt

收银员

kasserer

花农

blomsterhandler

理发师

frisør

售票员

togfører

机械师

mekaniker

船长

kaptajn

牙医

tandlæge

科学家

videnskabsmand

拉比

rabbiner

伊玛目

imam

和尚

munk

牧师

præst

工具

værktøj

铁锤
hammer

钳子
tang

螺丝刀
skruedrejer

扳手
skruenøgle

手电筒
lommelygte

挖掘机

gravemaskine

工具箱

værktøjskasse

梯子

stige

锯子

sav

钉子

søm

钻机

bor

修
reparere

铲子
skovl

靠！
Lort!

簸箕
fejebakke

油漆桶
malerspand

螺丝
skruer

乐器
musikinstrumenter

扬声器
højttaler

打击乐器
trommer

吉他
guitar

低音提琴
kontrabas

小号
trompet

钢琴

klaver

小提琴

violin

贝斯

bas

定音鼓

pauke

鼓

tromme

电子琴

keyboard

萨克斯管

saxofon

长笛

fløjte

麦克风

mikrofon

老虎
tiger

入口
indgang

笼子
bur

斑马
zebra

动物饲料
dyrefoder

熊猫
panda

动物
dyr

大象
elefant

袋鼠
kænguru

犀牛
næsehorn

大猩猩
gorilla

熊
bjørn

骆驼

kamel

鸵鸟

struds

狮子

løve

猴子

abe

火烈鸟

flamingo

鹦鹉

papegøje

北极熊

isbjørn

企鹅

pingvin

鲨鱼

haj

孔雀

påfugl

蛇

slange

鳄鱼

krokodille

动物园管理员

dyrepasser

海豹

sæl

美洲豹

jaguar

矮种马

pony

豹

leopard

河马

flodhest

长颈鹿

giraf

老鹰

ørn

野猪

vildsvin

鱼

fisk

龟

skildpadde

海象

hvalros

狐狸

ræv

羚羊

gazelle

橄榄球
amerikansk football

骑自行车
cykling

网球
tennis

篮球
basketball

游泳
svømning

拳击
boksning

冰球
ishockey

英式足球

fodbold

羽毛球

badminton

田径

atletik

手球

håndbold

滑雪

skiløb

马球

polo

跳
springe

拥抱
give et knus

笑
grine

走路
gå

唱
synge

祈祷
bede

亲吻
kysse

做梦
drømme

书写
skrive

画
tegne

展示
vise

推
skubbe

给
give

拿
tage

有
have

做
gøre

当
være

站
stå

跑
løbe

拉
trække

扔
kaste

摔倒
falde

躺
ligge

等待
vente

携带
bære

坐
sidde

穿衣
tage på

睡觉
sove

醒来
vågne

看
se på

哭
græde

抚摸
ae

梳头
kæmme

交谈
tale

明白
forstå

问
spørge

听
høre

喝
drikke

吃
spise

清理
rydde op

爱
elske

做饭
koge

开车
køre

飞
flyve

航行

sejle

计算

regne

读

læse

学习

lære

工作

arbejde

结婚

gifte sig med

缝

sy

刷牙

børste tænder

杀

dræbe

抽烟

ryge

寄

sende

祖母
bedstemor

祖父
bedstefar

父亲
far

母亲
mor

婴童
baby

女儿
datter

儿子
søn

客人

gæst

阿姨

tante

叔叔

onkel

兄弟

bror

姐妹

søster

前额
▶ pande

眼睛
øje ▶

脸
ansigt ▶

▶ 下巴
hage

乳房
bryst ▶

肩膀
skulder ▶

手指
finger ▶

▶ 手
hånd

腿
ben ▶

▶ 手臂
arm

婴童

baby

男人

mand

女人

kvinde

女孩

pige

男孩

dreng

头

hoved

背部

ryg

肚子

mave

肚脐

navle

脚趾

tå

脚后跟

hæl

骨头

knogle

臀部

hofte

膝盖

knæ

手肘

albue

鼻子

næse

屁股

bagdel

皮肤

hud

脸颊

kind

耳朵

øre

嘴唇

læbe

身体 - krop

嘴
mund

牙齿
tand

舌头
tunge

脑
hjerne

心脏
hjerte

肌肉
muskel

肺
lunge

肝脏
lever

胃
mavesæk

肾脏
nyrer

性交
sex

避孕套
kondom

卵子
ægcelle

精子
sperm

怀孕
svangerskab

月经

menstruation

阴道

vagina

阴茎

penis

眉毛

øjenbryn

头发

hår

脖子

hals

医院
sygehus

救护车
ambulance

轮椅
kørestol

骨折
brud

医生

læge

急诊室

akutmodtagelse

护士

sygeplejerske

紧急情况

nødstilfælde

昏迷

bevidstløs

痛

smerte

受伤

skade

出血

blødning

心脏病发作

hjerteinfarkt

中风

slagtilfælde

过敏

allergi

咳嗽

hoste

发烧

feber

流感

influenza

腹泻

diarré

头痛

hovedpine

癌症

kræft

糖尿病

diabetes

外科医生

kirurg

手术刀

skalpel

手术

operation

CT

CT

X光

røntgen

超声波

ultralyd

口罩

maske

疾病

sygdom

候诊室

venteværelse

拐杖

krykke

石膏

plaster

绷带

forbinding

注射

injektion

听诊器

stetoskop

担架

båre

体温计

termometer

出生

fødsel

超重

overvægt

助听器

høreapparat

消毒液

desinficerende middel

感染

infektion

病毒

virus

艾滋病

HIV / AIDS

药物

medicin

接种疫苗

vaccination

药片

tabletter

药丸

pille

急救电话

nødopkald

血压计

blodtryksmåler

生病/健康

syg / rask

救命！

Hjælp!

警报

alarm

突击

overfald

攻击

angreb

危险

fare

紧急出口

nødudgang

着火啦！

Det brænder!

灭火器

ildslukker

意外

uheld

急救箱

førstehjælps-kuffert

呼救信号

SOS

警察

politi

欧洲

Europa

北美洲

Nordamerika

南美洲

Sydamerika

非洲

Afrika

亚洲

Asien

澳洲

Australien

大西洋

Atlanterhavet

太平洋

Stillehavet

印度洋

Indiske Ocean

南冰洋

Sydlige Ishav

北冰洋

Ishav

北极

Nordpol

南极

Sydpol

南极洲

Antarktis

地球

Jorden

陆地

land

海

hav

岛

ø

国家

nation

国家

stat

钟面

urskive

时针

timeviser

分针

minutviser

秒针

sekundviser

现在几点？

Hvad er klokken?

天

dag

时间

tid

现在

nu

电子表

digitalur

分

minut

时

time

周一 mandag — MO
周二 tirsdag — TU
周三 onsdag — W
周四 torsdag — TH
周五 fredag — FR
周六 lørdag — SA
周日 søndag — SO

昨天
i går

今天
i dag

明天
i morgen

早晨
morgen

中午
middag

晚上
aften

MO	TU	WE	TH	FR	SA	SU
1	2	3	4	5	6	7
8	9	10	11	12	13	14
15	16	17	18	19	20	21
22	23	24	25	26	27	28
29	30	31	1	2	3	4

工作日
arbejdsdage

MO	TU	WE	TH	FR	SA	SU
1	2	3	4	5	6	7
8	9	10	11	12	13	14
15	16	17	18	19	20	21
22	23	24	25	26	27	28
29	30	31	1	2	3	4

周末
weekend

雨
regn

彩虹
regnbue

风
vind

雪
sne

春
forår

秋
efterår

夏
sommer

冬
vinter

天气预报

vejrudsigt

温度计

termometer

阳光

solskin

云

sky

雾

tåge

潮湿

luftfugtighed

闪电

lyn

打雷

torden

风暴

storm

冰雹

hagl

季风

monsun

洪水

flod

冰

is

一月

januar

二月

februar

三月

marts

四月

april

五月

maj

六月

juni

七月

juli

八月

august

九月
september

十月
oktober

十一月
november

十二月
december

形状
former

圆形
cirkel

正方形
kvadrat

长方形
firkant

三角形
trekant

球体
kugle

立方体
terning

白

hvid

黄

gul

橙

orange

粉

pink

红

rød

紫

lilla

蓝

blå

绿

grøn

棕

brun

灰

grå

黑

sort

很多/少许

meget / lidt

生气/平静

rasende / fredelig

美/丑

smuk / grim

首/尾

begyndelse / slut

大/小

stor / lille

明/暗

lys / mørk

兄弟/姐妹

bror / søster

干净/肮脏

ren / snavset

完整/缺失

fuldkommen / ufuldkommen

白天/晚上

dag / nat

死/生

død / levende

宽/窄

bred / smal

可食用/非食用

spiselig / uspiselig

邪恶/善良

vred / venlig

兴奋/无聊

ophidset / kedet

胖/瘦

tyk / tynd

第一/最后

først / sidst

朋友/敌人

ven / fjende

满/空

fuld / tom

硬/软

hård / blød

重/轻

tung / let

饿/渴

sult / tørst

生病/健康

syg / rask

非法/合法

illegal / legal

聪明/愚笨

intelligent / dum

左/右

venstre / højre

近/远

nær / fjern

新/旧

ny / brugt

没有/有些

intet / noget

老/幼

gammel / ung

开/关

tændt / slukket

打开/合上

åben / lukket

安静/吵闹

stille / højt

富/穷

rig / fattig

对/错

rigtig / forkert

粗糙/光滑

ru / glat

伤心/高兴

ked af det / lykkelig

短/长

kort / lang

慢/快

langsom / hurtig

湿/干

våd / tør

温暖/凉爽

varm / kold

战争/和平

krig / fred

0

零
....
nul

1

一
....
en

2

二
....
to

3

三
....
tre

4

四
....
fire

5

五
....
fem

6

六
....
seks

7

七
....
syv

8

八
....
otte

9

九
....
ni

10

十
....
ti

11

十一
....
elleve

12

十二
tolv

13

十三
tretten

14

十四
fjorten

15

十五
femten

16

十六
seksten

17

十七
sytten

18

十八
atten

19

十九
nitten

20

二十
tyve

100

百
hundrede

1.000

千
tusinde

1.000.000

百万
million

英语

engelsk

美式英语

amerikansk engelsk

普通话

kinesisk mandarin

印地语

hindi

西班牙语

spansk

法语

fransk

阿拉伯语

arabisk

俄语

russisk

葡萄牙语

portugisisk

孟加拉语

bengalsk

德语

tysk

日语

japansk

我
jeg

你
du

他/她/它
han / hun / den / det

我们
vi

你们
I

他们
de

谁？
hvem?

什么？
hvad?

怎样？
hvordan?

哪里？
hvor?

什么时候？
hvornår?

名字
navn

后面
bag

里面
i

前面
foran

上方
over

上面
på

下面
under

旁边
ved siden af

中间
imellem

地点
sted